Pedro Calderón de la Barca

Don Pegote

Barcelona **2024**
Linkgua-ediciones.com

Créditos

Título original: Don Pegote.

© 2024, Red ediciones S.L.

e-mail: info@Linkgua-ediciones.com

Diseño de cubierta: Michel Mallard.

ISBN rústica: 978-84-9816-402-2.
ISBN ebook: 978-84-9953-056-7.

Sumario

Brevísima presentación

La vida

Pedro Calderón de la Barca (Madrid, 1600-Madrid, 1681). España.

Su padre era noble y escribano en el consejo de hacienda del rey. Se educó en el colegio imperial de los jesuitas y más tarde entró en las universidades de Alcalá y Salamanca, aunque no se sabe si llegó a graduarse.

Tuvo una juventud turbulenta. Incluso se le acusa de la muerte de algunos de sus enemigos. En 1621 se negó a ser sacerdote, y poco después, en 1623, empezó a escribir y estrenar obras de teatro. Escribió más de ciento veinte, otra docena larga en colaboración y alrededor de setenta autos sacramentales. Sus primeros estrenos fueron en corrales.

Lope de Vega elogió sus obras, pero en 1629 dejaron de ser amigos tras un extraño incidente: un hermano de Calderón fue agredido y, éste al perseguir al atacante, entró en un convento donde vivía como monja la hija de Lope. Nadie sabe qué pasó.

Entre 1635 y 1637, Calderón de la Barca fue nombrado caballero de la Orden de Santiago. Por entonces publicó veinticuatro comedias en dos volúmenes y La vida es sueño (1636), su obra más célebre. En la década siguiente vivió en Cataluña y, entre 1640 y 1642, combatió con las tropas castellanas. Sin embargo, su salud se quebrantó y abandonó la vida militar. Entre 1647 y 1649 la muerte de la reina y después la del príncipe heredero provocaron el cierre de los teatros, por lo que Calderón tuvo que limitarse a escribir autos sacramentales.

Calderón murió mientras trabajaba en una comedia dedicada a la reina María Luisa, mujer de Carlos II el Hechizado. Su hermanó José, hombre pendenciero, fue uno de sus editores más fieles.

Personajes

Don Pegote
Un paje
Un secretario
Doña Quínola
Un criado
Doña Jimena
[Músicos]

Acto único

(Sale Don Pegote, un Paje con un papel, y un Secretario [y un Criado].)

Don Pegote   ¿Cuyo?

Paje   De mi señora doña Quínola.

Don Pegote   Celos serán, sí, pene y calle,
que gloria es el penar por este talle.
Es prodigio no visto, es cosa rara
ver las que mueren por aquesta cara.   5
Alabo su buen gusto: yo me gozo
de que todos me digan: ¡Qué buen mozo!

  (Lee.)

                              «Sin duda, amigo [...] estoy casi preñada:
para cofietas, puntas y pañales,
con el portador me envi... me envi...»   10
¿Hay tal envi? ¿Hay tal enfado?
De coraje el «envi» me ha cegado.
Dadme ¡hola! las muletas... de los ojos,
digo...

Secretario   Ya yo los traigo, los antojos.

Don Pegote (Lee.)   «Sin duda, amigo [...] estoy casi preñada: 15
para cofietas, puntas y pañales,
con el portador me envi...»
Por Dios ¡gentil empleo!
Los diablos lleven, amén, lo que yo leo.
Leed vos el papel, mi secretario.   20

Secretario (Lee.)   «Sin duda alguna, amigo, estoy preñada
para puntas, cofietas y pañales,
con el portador me enviad cien reales,
Doña Quínola.» Erudición sucinta.

Don Pegote [Al Paje.]   El nombre, calle y casa habéis errado,
porque en mi vida yo daré un cornado.   25

Paje   «A don Pegote» dice el sobrescrito.

Don Pegote   Errado está. Y tú, muy majadero,
si pensaste o creíste, plebeyote,
que ha de dar un ochavo don Pegote.

Paje   Los caballeros...

Don Pegote   Sí, ilos caballeros   30
tras dejarse gozar, darán dineros!

Paje   [...] A las damas...

Don Pegote   A las damas
tener buenas ausencias de sus famas,
corteses siempre, dalles del sombrero,
mas de las bolsas no, ni del dinero.   35

Paje   Los que son tan galanes...

Don Pegote   Deben menos
patrimonio al amor. ¡Qué gran locura!
Y yo no vivo, no con esa usura.

Paje   Nunca creí...

Don Pegote	Pues crea el muy barbón	
	que en materia de dar soy un Nerón.	40
	Tanto, que por no dar a las señoras,	
	si yo fuera reloj no diera horas;	
	ni Pascua, por no dar ni buenos días,	
	pésames, parabienes, bienvenidas.	
	Aquesto observo yo, sin que haya yerros.	45
	Y si algo he dado, amigo, han sido perros.	
Paje	No los nombre vuested, que son...	
Don Pegote	Lo justo,	
	que buena paga es gusto por gusto.	
Paje	A mi ama diré...	
Don Pegote	Cuanto aquí pasa,	
	y que en mí resucita Don Tenaza.	50
Paje	No fue él tan observante.	
Don Pegote	¿Replicaisme?	
	Despejad, picarón, luego la sala,	
	antes que yo os envíe noramala.	
Paje	Para vuesa merced era el billete.	

(Vase.)

Don Pegote	¿Bufoniza también el alcahuete?	55
	¡Hola, de vestir muy presto, hola	
	fámulos!	
Un criado	Voy a traello.	

[Vase.]

Don Pegote   Al momento;
                        no espero en todo hoy verme contento.

Secretario   Pues ¿por qué, mi señor?

Don Pegote   Porque es agüero
                        que empiece el día con pedir dinero.   60
                        La picarona, e con gran despejo,
                        el parto me encajó en el billetejo.
                        Mas que para y que aborte por la ijada
                        mujer que es en pedir tan desalmada.
                        ¡Cien reales de una vez, ciento, ciento!   65
                        ¿Hay sed mayor, mayor atrevimiento?
                        ¿Ignora lo que valen hoy cien reales?
                        Pues si uno solo yo gastar quisiera,
                        la Corte, el mundo mi serrallo fuera.

[Vuelve el criado.]

                        Dadme la espada, ferreruelo y guantes.   70
                        ¡Qué mal servido estoy destos bergantes!
                        Pensé ver la tal Quínola esta noche,
                        y agora quiero ir. Pongan el coche.

(Vanse y salen Doña Quínola y Doña Jimena.)

Doña Quínola   Fingiendo, como dije, estar preñada,
                        le pegué a don Pegote una gatada.   75
                        Cien reales le pedí, y agora espero
                        con la respuesta traigan el dinero.

Doña Jimena	Doña Quínola, es hecho de discreta,
	porque míseros lindos y habladores
	han de pagar doblados los favores. 80

(Sale un Criado.)

Criado	Mi señor don Pegote en la antecámara
	pide por mí licencia para veros.

Doña Jimena	Él te trae sin duda los dineros.

Doña Quínola	¿Licencia en esta casa que es tan suya?
	Decid que entre, Jimena, de aleluya 85
	ponme la casa del cimiento al techo.
	Por ella tiende alfombras y almohadas,
	límpiame esos bufetes y esas sillas
	y quema en el brasero dos pastillas.

(Salen Don Pegote y criados.)

Doña Quínola	Sillas, hola, presto, sillas mi Jimena. 90

Don Pegote	En cerro quiero hacer esta visita.
	Ahorremos de parola y de cortejo,
	que muero por hablar del billetejo.
	Por mi vida y a fe de caballero,
	¿fue de burlas aquello del dinero? 95

Doña Quínola	Muy otro vienes de lo que pensaba,
	pues creí, por albricias del preñado,
	me pusieras al cuello una cadena...

Don Pegote	Ca... ¿qué? Diga, ca... ¿qué?

Doña Quínola	Cadena de oro.

Don Pegote	¿Soy troglodita yo? ¿Soy turco o moro?	100
	¿A qué cristiano, diga, en solo un día	
	se le piden cadena y cien reales?	
	¡Ay, ay, carita mía! ¿Quién pensara	
	que por dinero nadie te trocara?	

Doña Quínola	¡Qué gusto y qué sal tiene el Pegotillo!	105
	Baste la burla y el dinero venga.	

Don Pegote	[...] ¿Qué dinero?

Doña Quínola	Amigo, los cien reales.

Don Pegote	¡Cien reales a mí! ¿Hay mayor locura?	
	Aqueso a un ginovés, abad o cura...	
	Mas ¿qué cura, qué abad, qué ginovés	110
	las dará cien reales de una vez?	

Doña Jimena	¡Qué estreñido y mordido!

Doña Quínola	Mal le conoces:
	de caballero tiene solo el nombre.

Don Pegote	Antes todo, pues guardo mis dineros,	
	que ansí se usan ya los caballeros.	115

Doña Quínola	Creo que das culebra y que te burlas.
	Dame el dinero.

Doña Jimena	¡Ríndete, Faraón!

Doña Quínola	Dame los ciento.

14

Doña Jimena	Dalos, importuno.
Don Pegote	El verdugo los da sin faltar uno.
Doña Quínola	Bueno está. Daca, niño, daca, daca. 120
Don Pegote	Daca tras, niño, caca, caca.
	Lo dicho dicho; y basta, mis harpías,
	madres en el tomar, en pedir, tías.
Doña Quínola	[Aparte.] Esto va roto, hermana: oye aparte.
	Aqueste es un bufón de mala mano, 125
	y loco: es fuerza, siendo un picarote,
	que todos le llamemos don Pegote.
	Mi dicho aprueba: y verás, hermana,
	cómo paga la burla su badana.

(Pícale con alfileres.)

¡Buena ha sido la burla, buena, buena!   130

Doña Jimena	Todo ha sido burlitas y quimeras.
Don Pegote	Pues agora lo digo más de veras.
Doña Jimena	¡Qué galán!
Doña Quínola	Eslo mucho, y gentilhombre.
Doña Jimena	Es muy discreto.
Doña Quínola	Y viste muy al uso.

Don Pegote	Si la verdad he dicho, infames brujas,	135
	¿por qué me dais tormento con agujas?	
Doña Quínola	Dícenme que vusted usaba mudas.	
Don Pegote	Mentido han, por la fe de caballero:	
	las lunadas me ponen como harnero.	
Doña Quínola	Sufra y calle; que los honrados sufren.	140
Don Pegote	Pues yo no sufro, no, que a ser sufrido,	
	ya ocupara una plaza de marido.	
Doña Quínola	¡Qué lindo fuera, pues, para un encierro!	
Don Pegote	Bien vengado, tenéis, niñas, el perro.	
	El bullicio ostentad, dejad las tretas,	145
	que me parece que oigo castañetas.	
	Desfogad en guitarras, que en más justo.	
Doña Quínola	Pues lo paga tan bien, démosle gusto.	
Doña Jimena	¿Qué baile quiere? Pida por la boca.	
Doña Quínola	Mejor fuera pedir por las ijadas.	150
Don Pegote	Al diablo dé vusted esas probadas.	
	Por mi contemplación luego se cante,	
	aunque se pierda todo el consonante.	

(Salen Músicos, tañen y bailan.)

Músicos	En un tono alegre	
	vuelven las mudanzas,	155

16

que esto de lo grave
con poquito enfada.
Vaya de lo alegre,
de lo fino vaya,
y lo bullicioso   160
a los puestos salga.
Vaya en seguidillas,
pues que son sus gracias
las que dan el punto
a la miel colada.   165

Don Pegote   A las hembras convido
yo a no dar nada,
que no es poca ventura
ver esta cara,
que no es poca, etc.   170

Fin del entremés

Libros a la carta

A la carta es un servicio especializado para

empresas,

librerías,

bibliotecas,

editoriales

y centros de enseñanza;

y permite confeccionar libros que, por su formato y concepción, sirven a los propósitos más específicos de estas instituciones.

Las empresas nos encargan ediciones personalizadas para marketing editorial o para regalos institucionales. Y los interesados solicitan, a título personal, ediciones antiguas, o no disponibles en el mercado; y las acompañan con notas y comentarios críticos.

Las ediciones tienen como apoyo un libro de estilo con todo tipo de referencias sobre los criterios de tratamiento tipográfico aplicados a nuestros libros que puede ser consultado en Linkgua-ediciones.com .

Linkgua edita por encargo diferentes versiones de una misma obra con distintos tratamientos ortotipográficos (actualizaciones de carácter divulgativo de un clásico, o versiones estrictamente fieles a la edición original de referencia).

Este servicio de ediciones a la carta le permitirá, si usted se dedica a la enseñanza, tener una forma de hacer pública su interpretación de un texto y, sobre una versión digitalizada «base», usted podrá introducir interpretaciones del texto fuente. Es un tópico que los profesores denuncien en clase los desmanes de una edición, o vayan comentando errores de interpretación de un texto y esta es una solución útil a esa necesidad del mundo académico.

Asimismo publicamos de manera sistemática, en un mismo catálogo, tesis doctorales y actas de congresos académicos, que son distribuidas a través de nuestra Web.

El servicio de «libros a la carta» funciona de dos formas.

1. Tenemos un fondo de libros digitalizados que usted puede personalizar en tiradas de al menos cinco ejemplares. Estas personalizaciones pueden ser de todo tipo: añadir notas de clase para uso de un grupo de estudiantes,

introducir logos corporativos para uso con fines de marketing empresarial, etc. etc.

2. Buscamos libros descatalogados de otras editoriales y los reeditamos en tiradas cortas a petición de un cliente.

www.ingramcontent.com/pod-product-compliance
Lightning Source LLC
Chambersburg PA
CBHW020451030426
42337CB00014B/1498